APPEL

A LA NATION

PAR

ÉVARISTE BAVOUX

CONSEILLER D'ÉTAT DE L'EMPIRE

« Le Plébiscite, c'est le salut et c'est le
droit, la force rendue au Pouvoir, et
l'ère des longues sécurités rouverte au
pays: c'est un grand parti national, sans
vainqueurs ni vaincus, s'élevant au-des-
sus de tous pour les réconcilier. »

(Discours du Prince Impérial à
Chislehurst. — 16 mars 1874).

PARIS

E. DENTU, LIBRAIRE-ÉDITEUR

PALAIS-ROYAL, 17-19, GALERIE D'ORLÉANS

1874

Tous droits réservés.

NOTE PRÉLIMINAIRE

Cet opuscule était sous presse, prêt à paraître, quand la France, grâce à la chute d'un ministère tout à la fois suffisant et insuffisant, échappe au guet-apens orléaniste, dressé par lui.

Honneur à l'Assemblée, dont le patriotisme et la sagesse ont, pour la troisième fois depuis sa naissance, déjoué les calculs effrontés ou clandestins de certains partis qui la divisent, et ramené la foi publique au pacte primitif, au pacte de Bordeaux, à la tròvo juréc ! En 1871, l'Assemblée a renversé une dictature odieuse, née d'elle-même, comme certains insectes ou plantes parasites vénéneuses, par une sorte de génération spontanée, naissent du fumier, de la vase, du marécage, la dictature républicaine du 4 septembre ; au 24 mai 1873, elle renversait une falsification pseudonyme de République nouvelle, tentée par son élu, chargé précisément par elle de la mission contraire, méconnue par lui sous la seule impulsion de son adoration pour lui-même.

Au 20 novembre 1873, elle renversait le ministère, instrument de la restauration fusionniste de la Monarchie du droit divin. Le chef de ce ministère, oublieux à son tour des prescriptions parlementaires, resta le dernier, par fiction nautique, sur le navire échoué avec son équipage, et reprit le commandement du nouvel équipage sur le même esquif, qu'il dirigea vers d'autres rives, celles de l'orléanisme, sans mot d'ordre, sans mot de passe ; aussi fut-il pris au premier cri du factionnaire, au premier « *Qui vive !* » C'est l'Assemblée qui a poussé ce cri sauveur, et il l'a en effet sauvée contre une surprise nocturne, destinée à confisquer le pacte de Bordeaux au profit d'une faction orléaniste.

L'Assemblée, avertie, a pris les maraudeurs en flagrant délit, et les a, comme leurs prédécesseurs, mis en fourrière.

Le délégué de l'Assemblée l'entendant appeler : « *au secours !* » est venu, en effet, à son aide pour la réorganisation difficile d'un cabinet, disputé par tant de partis, qui malheureusement divisent et paralysent le Parlement. L'épée du héros de Magenta a, selon l'usage de la chevalerie, frappé du plat de sa lame l'épaule d'un brave compagnon d'armes appelé judicieusement par lui à la succession de la vice-présidence doctrinaire du conseil.

Ainsi formée, la nouvelle administration a un rôle d'apaisement marqué. Elle doit être saluée par les sympathies de tous.

Un poète de la décadence, désespérant du salut de Rome, administrée par d'indignes ministres, crut devoir, dans quelques vers qui ont, presque seuls, fait toute sa renommée, exhaler ses alarmes et son désespoir sur le sort de son pays ; il doutait de la Providence à la vue du triomphe des méchants proconsuls, dépositaires du pouvoir, lorsque la chute des tyrans lui apparut comme l'intervention divine dans leurs discordes civiles.

Hélas ! divisés comme nous le sommes, doutant, comme Claudien, des destinées de notre patrie, pouvons-nous, après tant de cruelles épreuves, nous écrier avec lui :

> « Sæpe mihi dubiam traxit sententia mentem,
> Curarent Superi terras, an nullus inesset
> Rector, et incerto fluerent mortalia casu...
> Abstulit hunc tandem Rufini pœna tumultum,
> Absolvitque Deos. Jam nunc ad culmina rerum
> Injustos crevisse queror. Tolluntur in altum
> Ut lapsu graviore ruant..... (1). »

Oui, la justice divine tolère parfois d'autant plus visiblement le succès momentané des indignités humaines, que leur triomphe doit être plus momentané, et leur châtiment plus éclatant et moral.

La Providence, selon notre exergue monétaire : « *Dieu protége la France!* » daignera-t-elle nous relever, cette fois encore, d'un de ces abîmes où nous a si souvent déjà précipités notre folie révolutionnaire ?

Telle est la question que se pose avec anxiété ce modeste écrit.

Il n'a pas la prétention de la résoudre. Néanmoins il ose l'examiner avec l'Assemblée, dont il respecte les droits et le caractère ; mais en recherchant avec elle son origine et sa durée.

Son origine est aussi respectable que le comportaient les circonstances néfastes où nous étions alors plongés. Seulement elle leur a forcément dû des lettres de naturalisation équivoques et des impressions hostiles au gouvernement renversé par l'ennemi vainqueur et la révolution déchaînée. Impressions fausses, que la réflexion et la justice doivent singulièrement modifier.

Si ce n'était le parti-pris de ces tristes souvenirs, la

(1) Claudien; contre Rufin, lib. I, page 130.

solution serait depuis longtemps proclamée à l'unanimité : la volonté nationale librement exprimée.

Cette solution implique celle de la seconde question :
la durée de l'Assemblée, qu'elle ne peut ni dire ni même
connaître. Or il faudra bien, un jour ou l'autre, la dé-
terminer.

Déterminée par elle-même, puisqu'elle seule, investie
de la souveraineté nationale, peut porter l'arrêt sur sa
propre existence et prononcer sa condamnation à mort,
sous quelle forme prendra-t-elle fin ?

Par dissolution ou par appel à la nation ?

La dissolution est un procédé redoutable et justement
redouté de tous les conservateurs. De tous côtés surgit
le pressentiment de la destruction à peu près complète
des partis légitimiste, orléaniste et républicain-modéré
dans l'arène électorale. Deux opinions semblent devoir
se partager les suffrages : le radicalisme et l'impéria-
lisme.

Cette prévision n'est-elle pas de nature à épouvanter
l'Assemblée sur les conséquences de son propre suicide
par la dissolution ?

Son patriotisme, dans cette extrémité, ne doit-il pas
lui conseiller, lui imposer même le seul remède conforme à son origine ? La souveraineté nationale.

La souveraineté nationale, ayant pour interprète le
suffrage universel, proclamera la Monarchie, l'Empire
ou la République.

Et l'Assemblée actuelle, dépositaire fidèle de l'opinion publique, lui donnera, sans secousse, sans crise,
sans péril, l'investiture solennelle, dont le Septennat
a aujourd'hui le dépôt patriotique et momentané.

APPEL A LA NATION

SOUVERAINETÉ NATIONALE. — HÉRÉDITÉ MONARCHIQUE.

§ I

CLOVIS

On doit bien se garder, même dans l'intérêt d'une cause que l'on croit juste, d'altérer ou d'exagérer les dépositions de l'histoire, et nous partageons l'opinion de Sismondi quand, à propos do l'anecdote du vase de Soissons (1), frappé et retenu dans le butin par un soldat de Clovis, cet historien nous parle de la réserve avec laquelle il faut accueillir les inductions souvent contestables ou passionnées de tel ou tel écrivain parfois partial ou mal informé (2). Nous devons donc éviter surtout des assertions plus ou moins erronées sur des époques lointaines et obscures comme celle, par exemple, des temps Mérovingiens.

(1) Aventure du vase de Soissons racontée par M. Guizot. *Histoire de France à mes petits enfants,* tome I, page 127.

(2) Sismondi. *Hist. des Français,* tome I, page 180.

Nous croyons pourtant être d'accord avec la vérité historique en signalant, dès l'avènement de Clovis, l'apparition du concours de la nation à ce nouveau règne. Cette pensée se perd sans doute dans la nuit des âges, confuse, dépouillée de la formule MODERNE DU SUFFRAGE FORMELLEMENT EXPRIMÉ OU ÉCRIT, mais manifesté du moins par certains actes, certains signes extérieurs, comme des réunions, des assemblées plus ou moins nombreuses, plus ou moins régulières. On comprend que nous nous refusions à de semblables justifications.

Mais, à cela près, nous croyons pouvoir, l'histoire à la main, reconnaître que le suffrage universel « est une des bases de l'ancienne constitution » monarchique, une des traditions du droit national » nal remontant à Clovis et ayant traversé les siè- » cles (1). »

« *Chez les anciens Francs, la couronne n'était* » *héréditaire ni par le droit ni par le fait: les Francs* » *élisaient leurs Rois* (2). »

Clovis, avant de marcher contre les Visigoths, demanda le consentement de la nation, qu'il convoqua dans le mois de mars en plein champ. Ces réunions, imitées par ses successeurs, et dont lui-même tenait peut-être l'habitude de ses prédécesseurs, ont été nommées *Assemblées du Champ-de-Mars, Assemblées du Champ-de-Mai* (3).

(1) Lourdoueix, *L'Orléanisme, c'est la Révolution.*
(2) Velly, *Histoire de France,* tome II, page 62.
(3) Anquetil, *Histoire de France,* tome I, page 68.

Clovis, à ce qu'il paraît, fut élu Herezoghe ou chef de la guerre (1).

Clovis avait vaincu les Bourguignons et les Visigoths ; il lui restait à vaincre tous les Francs… Il vint à Cologne et les convoqua. « *Ils l'élevèrent sur un grand bouclier et le reconnurent pour Roi* (2). »

Un autre historien, certainement estimé, M. de Bonnechose, dit : « A la mort d'un Roi, les Francs » s'assemblaient pour procéder au choix de son » successeur, et, lorsqu'ils l'avaient nommé, ils » l'inauguraient en l'élevant sur un bouclier au » bruit de leurs acclamations (3). »

Clovis, dont M. Guizot a dit : « Ce grand barbare, » à travers tant de vices et de crimes, a fait, je de- » vrais plutôt dire qu'il a commencé deux grandes » choses, qui ont déjà duré quatorze siècles, et » durent encore : la Monarchie française et la France » chrétienne (4). »

Tout ceci est clair, incontesté, incontestable ; mais, ce qui est bien plus curieux encore que l'élection même du souverain, c'est sa détermination personnelle et religieuse, soumise à l'assentiment populaire. Ainsi, tout le monde aujourd'hui connaît la conversion au christianisme de Clovis sous

(1) M. Henri Martin, *Histoire de France,* tome I, page 429.

(2) M. Guizot, *Histoire de France à mes petits enfants,* tome I, page 140.

(3) Bonnechose, *Histoire de France,* tome I, pages 21-22.

(4) M. Guizot, *Histoire de France à mes petits enfants,* tome I, page 142.

l'inspiration et l'influence de la reine Clotilde. Eh bien ! cette résolution, à la rigueur privée et individuelle, avait et prit, pour le Roi des Francs, les proportions d'une résolution publique.

« A peine le Roi avait assemblé les Francs pour
» leur faire part de son projet, que, sans lui faire
» la moindre objection, » ils lui donnèrent leur adhésion en ces termes : « Nous renonçons au
» culte des dieux périssables et nous suivons Celui
» dont l'évêque de Reims est le ministre. Aussitôt
» Saint-Remi ordonne les préparatifs nécessaires ; » puis à cette solennelle cérémonie du baptême furent prononcées ces hautaines paroles du prélat chrétien au royal néophyte : « *Mitis depone colla,*
» *Sicamber ; adora quod incendisti, incende quod*
» *adorasti* (1). »

C'est en 496 que le vainqueur de Tolbiac se soumit à la loi du Dieu des chrétiens. — Un nouveau Constantin, acclamé par un peuple, hier idolâtre, puisait dans ces acclamations comme le double baptême et de sa foi et de sa couronne.

Apogée assurément de la Monarchie Mérovingienne, qui, avec la première race, devait s'éteindre dans la somnolence des rois Fainéants, et faire place à la seconde dynastie, au génie de Charlemagne.

La race du plus illustre de nos rois, de nos empereurs, du plus illustre peut-être des souverains

---

(1) Velly, *Histoire de France,* tome II, pages 83-84.

du monde, de Charlemagne, ne puise-t-elle pas
son origine dans la nuit des élections primitives de
la nation, choisissant son roi? Pepin, dit le Bref,
à cause de sa petite taille, fils de Charles Martel,
ne fut-il pas, à vrai dire, élu?

« Thierry IV, l'avant-dernier des Mérovingiens,
» était mort en 737. Depuis quatre ans, il n'y avait
» plus de roi... Pepin alla chercher, dans on ne
» sait quel coin obscur, un Mérovingien oublié,
» fils de l'avant-dernier des rois Fainéants, Chil-
» péric II, et le fit roi, le dernier de sa race, sous
» le nom de Childéric III... Mais, au bout de dix
» ans, Pepin jugea le moment venu de mettre fin
» à cette fiction... Le pape déclara qu'il valait
» mieux donner le titre de Roi à celui qui exerçait
» la puissance souveraine, et l'année suivante, au
» mois de mars 752, *en présence et de l'aveu de l'as-*
» *semblée générale* des leudes et des évêques réunis
» à Soissons, *Pepin fut proclamé roi des Francs,* et
» reçut des mains de saint Boniface l'onction sa-
» crée... Deux ans après, le 28 juillet 754, le pape
» Étienne II, venu en France pour réclamer l'ap-
» pui de Pepin contre les Lombards, le consacra
» de nouveau avec l'huile sainte, dans l'église de
» Saint-Denis, pour honorer en lui la dignité
» royale, et conféra le même honneur aux deux fils
» du roi, Charles et Carloman. Le jeune Charles
» devait devenir Charlemagne. C'est alors, vers
» 752, sous Pepin, qu'on commença à voir les as-
» semblées nationales des Francs, les réunions du

» Champs-de-Mars, transformées en manifestations
» publiques et religieuses. Chef des Francs comme
» maire du palais depuis 741 et comme roi depuis,
» 752, Pepin, en mourant, laissa la France réunie
» en un seul corps, et placée à la tête de l'Europe
» chrétienne. Il mourut dans le monastère de
» Saint-Denis, le 18 septembre 768, laissant ainsi
» son royaume et sa dynastie aux mains du fils
» que l'histoire a appelé Charlemagne (1). »

Aussi la postérité, fière de cette paternité glorieuse, a-t-elle gravé sur sa tombe ces mots : « Ci-
» gît Pepin, père de Charlemagne. »

(1) M. Guizot, *Histoire de France*, I, page 192; — Fauriel, *Histoire de la Gaule*, tome III, page 224.

§ II

HUGUES CAPET

Malgré l'obscurité qui, 500 ans après Clovis, plane encore sur la période historique où prend place l'avènement de la troisième race de nos rois, il est permis d'admettre l'assertion de quelques écrivains, parmi lesquels Velly, disant avec eux : « 987. *Hu-* » *gues Capet fut élu par la nation. Elle n'avait pas* » *été assemblée depuis plus de cent ans. Sans exis-* » *tence politique, enchaînée par les plus honteux* » *liens, le souvenir même de ses anciens droits n'exis-* » *tait plus chez elle* (1). »

Cette tradition légendaire du *Pavois* populaire, portant l'élu au pouvoir souverain, trouve dans les temps troublés où nous sommes, plus d'une analo-gie et d'une application. Quelque incorrecte que soit, dans son expression grammaticale, l'assertion his-

(1) Velly, *Histoire de France,* tome III, page 277.

torique de l'écrivain, elle n'en repose pas moins sur le principe, rudimentaire en ces temps primitifs, mais formel et inébranlable aujourd'hui, de la souveraineté nationale.

Qui peut, en effet, en nier l'autorité morale et politique? L'investiture populaire n'est-elle pas historiquement et rationnellement le titre par excellence du pouvoir suprême? Qu'il ne se renouvelle pas périodiquement, ah! sans doute c'est la sagesse et le besoin de stabilité qui l'exigent; rien de plus naturel et de plus social. Aussi le silence à chaque génération, à chaque époque successorale du trône a-t-il été toujours accepté comme une sanction formelle, quoique muette, du droit héréditaire. Et c'est pour cela que l'ancienneté traditionnelle de la dynastie se concilie patriotiquement avec l'idée de la souveraineté nationale; elle a toujours été avec raison saluée par le respect des peuples, comme un gage d'harmonie, et a consacré la légitimité monarchique.

La doctrine en est fort simple et fort sensée :

A l'origine, choix du monarque par la nation; et souvent le premier qui régna fut un soldat heureux; puis, adhésion présumée à la transmission héréditaire de la couronne. Ce qui équivaut au renouvellement du contrat primitif par une sorte de tacite reconduction. C'est comme une consécration implicite du pacte originairement formé par l'élection. Consécration muette et cependant puissante, car elle ne peut être détruite que par une

puissance terrible, trop acclimatée, hélas! comme
un fléau redoutable dans nos sociétés modernes :
le fléau révolutionnaire. Quand il a accompli son
œuvre fatale de destruction, un seul remède, un
seul sauvetage, un seul recours reste au pays dé-
vasté par lui; c'est le recours à la volonté nationale, seule base du droit héréditaire.

Pour capter à sa source ce droit ancien, il faut
en remonter le cours à travers les siècles.

C'était en 987 qu'il était pratiqué par Hugues
Capet, et voici comment un historien grave, Sismondi, en détermine les conditions :

« Les gentilshommes, les chevaliers qui, dans
» l'organisation féodale, dit-il, se sentaient libres,
» et voulaient le demeurer, reconnurent le besoin
» de quelqu'ordre politique, de quelque garantie
» sociale. Ils avaient en quelque sorte anéanti le
» pouvoir monarchique, ils y substituèrent une
» organisation à peu près républicaine, une orga-
» nisation résultant de contrats volontaires, do
» promesses données et reçues, d'engagements ré-
» ciproques... Les lois portées dans l'empire, où
» les diètes continuaient à s'assembler, furent re-
» çues de confiance dans les Gaules... Ainsi le
» système qui n'était encore écrit nulle part, reçut
» une exécution régulière par l'assentiment uni-
» versel (1). »

Hugues-le-Grand, père de Hugues Capet, por-

____

(1) Sismondi, *Histoire des Français*, tome IV, pages 14-15.

tait le surnom de *Capiton* ou Capet, qu'on pouvait interpréter *homme de tête*. Surnom qui a passé à son fils aîné.

Autre part nous lisons : « Hugues Capet assem-
» blait à Noyon (1) les grands du royaume, tant les
» pairs que les autres puissants vassaux ; les Sei-
» gneurs présents le proclamèrent Roi d'une voix
» unanime, et le 3 juillet 987, il fut couronné dans
» l'église de Reims (2). »

Ailleurs encore : « Louis V meurt au bout de
» deux ans d'un règne nominal. Charles, son oncle,
» réclame la couronne, mais la grande majorité
» des seigneurs et du peuple se rangea autour de
» Hugues Capet, comte de l'Ile de France et d'An-
» jou ; le prétendant héréditaire demeura seul avec
» quelques partisans (3). »

Hugues Capet fut proclamé et sacré à Reims par l'archevêque.

« Le peuple seul fait les Rois ! » s'écriait un jour, 700 ans après le règne de Hugues Capet, en plein Parlement sous le grand Roi Louis XIV, un audacieux orateur, l'avocat Deboisle, dit un honorable écrivain (4).

Ces données ne confirment-elles pas déjà cette

(1) Anquetil, *Histoire de France*, tome I, page 419.

(2) *Histoire de France, depuis la Gaule primitive*, par E. Lefranc. I, page 268.

(3) *Histoire de France*, par Emile de Bonnechose. page 76.

(4) M. Détroyat, journal *la Liberté*, 17 mars 1874.

opinion si simple de l'intervention nationale dans le choix du gouvernement ? La race Carlovingienne allait s'éteindre. Entre tous les prétendants à la couronne de Louis V, disputée pourtant par Charles, duc de Lorraine, successeur désigné comme le dernier des Carlovingiens, Hugues Capet fut préféré et élu.

Hugues Capet, entouré des préventions favorables à ses ancêtres, jouissant lui-même d'une réputation de sagesse et de bravoure bien méritée, n'eut qu'à se présenter dans une assemblée de Seigneurs, qui se tint à Noyon pour se faire proclamer Roi.

Les uns disent que l'élection fut unanime et volontaire ; les autres, que le candidat avait entouré l'assemblée de troupes. Telle qu'ait été cette élection, il s'en tint content... et alla à Reims se faire couronner.

Voilà deux races finies, qui, prises ensemble ont duré 507 ans. Deux fois le royaume a été exposé à une dissolution totale, et, à chaque fois, il s'est trouvé un homme qui en réunit les parties, et en a fait un tout mieux cimenté qu'auparavant. Ces deux hommes sont Charles Martel, chef de la deuxième race, et Hugues Capet, de la troisième (1).

Le 21 mai 987, le roi Louis V mourut, les grands du royaume se réunirent à Senlis. Charles, frère du feu roi Lothaire, oncle paternel du feu roi Louis, était compétiteur de Hugues Capet. « Le

(1) Anquetil, *Histoire de France*, tome I, page 428.

» duc Hugues fut, d'un consentement unanime, porté
» au trône, couronné le 1er juillet, et reconnu pour
» Roi par les Gaulois, les Bretons, les Normands,
» les Aquitains, les Goths, les Espagnols et les
» Gascons (1). »

Un historien que son esprit libéral paraîtrait devoir particulièrement disposer à saluer cette dévolution de la couronne par voie élective, M. Henri Martin, s'en occupe peu et donne en ces termes l'explication de son indifférence relative : « Cette révolution, dit-il, ce changement de dynastie, qui donnait à la nationalité naissante une royauté nationale et qui associait les destinées de cette royauté à celles de Paris, centre prédestiné de la France, n'avait imprimé qu'une faible secousse à la Gaule ; l'avenir seul en devait révéler la grandeur. Les contemporains s'en émurent médiocrement ; la nullité à laquelle la royauté était réduite explique leur indifférence. Les seigneurs un peu éloignés du théâtre des événements ne virent dans l'élévation de Hugues Capet et dans les troubles qui la suivirent qu'une occasion de se rendre encore plus indépendants de la couronne (2). »

La mort de Louis V était arrivée au moment où les Allemands se préparaient à porter la guerre en France, et les retint de l'autre côté du Rhin.

Hugues Capet personnifiait un ordre nouveau.

(1) M. Guizot, *Histoire de France à mes petits enfants*, tome I, pages 278-279 et 281.

(2) M. Henri Martin, *Histoire de France*, tome III, page 15.

Malgré l'opinion d'anciens partisans de la légitimité croyant trouver dans certains précédents de famille pour Hugues Capet un mélange du sang de la seconde race avec le sang de la troisième, il paraît certain, prétend Sismondi, que même ces alliances supposées ne pouvaient établir aucun droit en faveur des Capétiens, dans un pays où les femmes ne sont pas admises à succéder (1).

« Trois races de rois ont tenu le sceptre en notre pays depuis ses origines historiques : les Mérovingiens, les Carlovingiens, les Capétiens.

» Or, à l'origine de chacune de ces trois races, on trouve, comme source du pouvoir royal, l'élection, autrement dit, la souveraineté nationale.

» Clovis, le véritable fondateur de la dynastie Mérovingienne, est promené sur le pavois devant l'armée en bataille, c'est-à-dire élu par les Francs, par le peuple conquérant qui était alors le seul peuple en possession du droit politique.

» Deux siècles et demi plus tard, Childéric III, dernier Mérovingien, est déposé, c'est-à-dire dépossédé du « droit monarchique » par le suffrage universel des Francs, et Pépin, le fondateur de la dynastie Carlovingienne, est élu à sa place, sur l'avis conforme du pape Zacharie.

» Deux siècles et demi se passent encore : le dernier Carlovingien, Louis V, un roi fainéant comme Childéric III, meurt on ne sait comment;

(1) *Chronichon Sithiense*, tome X, page 298; tome IV, page 51, Sismondi.

mais, de son vivant même, au dire de Gerbert, « la
» grande affaire de sa ruine se traitait sérieusement
» en secret ; » et dès qu'il est mort, Hugues Capet
est élu roi par les évêques et les seigneurs du
Nord, délégués de la nation franque. Même, pour
bien préciser le sens de l'élévation de Hugues,
l'évêque Adalbéron, en cette occurrence, prononça
ces propres paroles : « LE ROYAUME NE S'ACQUIERT
» POINT PAR DROIT HÉRÉDITAIRE. » Et le même évêque
ajouta encore : « Choisissez l'excellent duc Hugues,
» et vous trouverez en lui un protecteur, non-seule-
» ment de la chose publique, mais de la chose de
» chacun. »

« Ainsi le droit monarchique, à quelque source
qu'on l'emprunte, à quelque point de notre histoire qu'on le considère, a pour base l'élection (1). »

La vérité, semble-t-il, dégage, isole absolument
la dynastie Capétienne, des deux précédentes. « La
» descendance de Hugues Capet, qu'on voulait
» faire venir de quelque maison antique, puissante
» et illustre, est devenue l'objet de plusieurs sys-
» tèmes, parmi lesquels on a distingué, au dix-
» septième siècle, comme les plus ingénieux, ceux
» de Zampini, de Chifflet et de Tournemine. Nous
» avons vu aussi, à l'établissement d'une qua-
» trième dynastie, les antiquaires de cour chercher
» à faire voir sa filiation de la seconde race, et
» convenir qu'elle était obscure ; mais si le pou-

______

(1) *Discours au Roy,* par M. Jules Amigues. — *Ordre,*
27 octobre 1873.

» voir lui était demeuré, cette généalogie se serait
» à son tour éclaircie, et des créateurs d'ancêtres
» n'auraient pas manqué non plus à la maison
» Bonaparte (1). »

Oui sans doute, si le chef de la quatrième dynastie avait eu pour père Pépin le Bref, s'il eût été,
comme il le disait lui-même plaisamment, son propre petit-fils, nouveau Charlemagne, il eût ajouté ce
fleuron héréditaire à sa couronne impériale. Mais
le choix, la voix du pays remplaçant, ou, après
une interruption par mort, vacance ou révolution,
rétablissant, confirmant le droit de naissance, est
précisément ce qui distingue de l'ancien régime les
rares fondateurs de dynastie.

C'est ce qui caractérise, détermine et cimente la
base, l'origine élective d'une monarchie, ayànt, à
défaut d'aïeux, pour souche, la conquête, le génie,
et, pour caution, le vœu national.

Notre histoire n'est-elle pas pleine de ces convo-
cations d'Assemblées populaires dans le sein des-
quelles la Royauté sentait la nécessité de retremper
parfois, de rajeunir ses forces affaiblies? Et, dans
ces traditions du passé qui, je le demande avec
Sismondi, pourrait sérieusement contester à la dynastie napoléonienne, née de la gloire et du suffrage
universel, itérativement, sept fois déjà consulté, ses

(1) *Histoire des Français.* Sismondi, tome IV, page 39.
Les différents systèmes sur l'origine des Capétiens sont
exposés dans la préface du tome X des *Historiens de France,*
page 111.

lettres de naturalisation dans la famille monarchique de France?

Aujourd'hui, en effet, la dynastie napoléonienne
a fait souche dans les familles régnantes de l'Europe : « Elle est alliée par les liens de parenté les
plus étroits aux maisons royales d'Italie et de Wur-
temberg; la branche suédoise est purement napoléonienne, puisqu'elle fut fondée par un maréchal
de l'Empire, époux d'une belle-sœur de Napoléon Ier.
Le Roi, actuellement régnant, est le petit-fils d'Eugène Beauharnais, et par conséquent le cousin ger-
main du Prince impérial. Enfin, en Russie, l'empe-
reur Alexandre II, lui-même, beau-frère du fils aîné
d'Eugène Beauharnais, se trouve, par alliance, au
même titre que le roi de Suède, le petit-cousin ger-
main, ou, si l'on aime mieux, l'oncle à la mode de
Bretagne du fils de Napoléon III (1). »

Après tant de luttes, c'est au pays de proclamer
ses décisions, de marquer ses préférences.

Au milieu de l'affreux cataclysme où nous ont
plongés tant de révolutions, tant de désastres, tant
de catastrophes, tant de crimes commis au nom de
la liberté, tant d'essais de gouvernements, comment en sortir autrement que par le procédé simple,
originaire, traditionnel, usité à toutes les époques
les plus immémoriales de l'antique Monarchie !
l'appel à la nation? Qui, pour et sans elle, contre
elle peut-être oserait porter la parole en son nom?

(1) M. Auguste Vitu, journal *l'Ordre*, 24 mai 1874.

Et pourquoi la suppléer, parler pour elle, quand elle est là vivante, présente et prête à se faire entendre? Comment, pourquoi étouffer sa voix, décliner sa compétence; tricher avec sa volonté, se substituer à elle, dans l'œuvre qui *constitue* sa propre vitalité, son existence sociale, le choix de son gouvernement? Qui aurait qualité pour la *constituer,* pour la *représenter,* quand *elle se présente* elle-même? Par quelle argutie, par quel sophisme éluder sa juridiction, son arrêt souverain?

§ III

POUVOIR CONSTITUANT

Le procès du maréchal Bazaine a mis en lumière un fait capital au milieu de nos malheurs; ce fait, c'est l'origine et la mission précise de l'Assemblée nationale. La défaite de la France ne suffisait pas à son impitoyable vainqueur; il lui fallait encore pour traiter de la paix, une caution de la parole du vaincu. Cette caution, il la demandait, par le maréchal Bazaine, à l'Impératrice régente. Ne pouvant l'obtenir d'Elle pour rançon de la guerre à outrance dont Elle n'était pas coupable, M. de Bismark la demanda, au Maréchal, chef d'une armée, seul débris de notre nation mutilée. Le Maréchal ne pouvait la donner.

C'est alors qu'on la demanda à une assemblée, nommée *ad hoc*, pour faire et signer la paix.

Telle est la vérité, l'exacte vérité.

Convoquée à bref délai dans ses comices électoraux, la France était occupée par les hordes prussiennes, couvrant son territoire, imposant partout un joug hautain, laissant, *par générosité,* la liberté du scrutin ouvert à la sanction du traité fatal.

Ainsi, l'urne électorale était autorisée, et par le Prussien, maître de la France, et par le gouvernement de la Défense nationale, qui, jusque-là, n'en avait pas voulu. Tant qu'il ne s'était agi que de l'organisation gouvernementale, ce gouvernement usurpateur, né, nous le répétons, de sa génération spontanée, sorti d'une barricade, sous le feu ennemi, ce gouvernement s'était obstinément refusé à lâcher sa proie, à consulter le pays. Sous une multitude de prétextes il avait sans cesse différé les élections.

Mis au pied du mur par le conquérant inflexible qui lui posant le pistolet sur la gorge, lui disait : « La bourse ou la vie, » il se résignait à accepter toutes les conditions. Mais ajoutant l'humiliation à l'ordre impératif, le Prussien refusait la signature des hommes du 4 septembre, comme celle de révolutionnaires qui n'engageait pas la France.

Le gouvernement du 4 septembre fut donc contraint de la demander à d'autres qu'à lui-même; avec le consentement du roi Guillaume, il lui fallut dès lors faire appel aux électeurs.

Mais dans quelles conditions politiques et climatériques ?

Politiquement la France était anéantie. Une voix satanique a, dans un accès de vertige ambitieux, proclamé l'Assemblée issue de ces épreuves, *la plus librement élue* de toutes celles qui l'avaient précédée. Flatterie démentie quelques mois après par celui-là même qui rencontrant en elle un adversaire inattendu, en réclame avec fureur la dissolution.

Réellement, dans cette circonstance, et par la force des choses, l'électorat, en dehors du seul enjeu qui en était le but, fut une fiction, une loterie.

Son enjeu, son but, c'était la paix, la paix forcée, inévitable, dont les élections devaient être l'enregistrement, la consécration. Sauf cette mission, les élus n'avaient aucuns pouvoirs déterminés.

C'était bien assez de ce mandat dans l'état du pays : les voies de communications étaient détruites, les ponts rompus, les chemins de fer supprimés ou au pouvoir des nouveaux uhlans, l'administration gouvernementale, préfectorale, municipale, postale, civile, militaire annulée; les services de voitures, de chemins de fer, de piétons, boiteux et intermittents; les routes impraticables, encombrées de fourgons et de neige, souvent infranchissables. Conséquemment pas de relations, pas de télégraphes, pas de réunions pour se concerter et s'entendre. Aussi nous engageons-nous à prouver, pièces en mains, les hasards, l'espèce de tirage au sort qui ont, dans la plupart des départements, présidé à la formation des listes, au succès des élus. Puis, au milieu de tous ces obstacles, le plus insurmontable de tous: la proscription décrétée solennellement en pleine arène électorale par la dictature républicaine contre toute une catégorie de candidats : tous ceux de l'Empire en masse ! Leur mise hors la loi ! La veille, l'avant-veille de l'élection, et dans certaines contrées le jour ou le lendemain du vote, arriva la rétraction de cet odieux ukase, empreint de haine et de cynisme. Mais l'effet était produit, le coup était porté, l'exclusion accomplie, la mutilation de la liberté électorale consommée. Inspiré par une sorte de délire politique, ce décret d'exclusion est, à lui tout seul, une nouvelle preuve du charlatanisme de ces prétendus amis de la liberté, qui ne font jamais d'autre usage d'un pouvoir usurpé par un coup de main, que de confisquer immédiatement tous les droits, même le plus précieux de tous, le droit électoral. Révoltante confiscation qui suffit, à elle toute seule, pour compromettre des élections faites sous l'influence d'un semblable ostracisme.

L'appel à la nation peut tout aujourd'hui réparer. « Mais, dit M. Jules Richard, vous n'en voulez pas, parce que vous craignez l'Empire ! Eh bien ! ayez, comme M. Gambetta, le courage de le dire. Décidez qu'un plébiscite aura lieu, mais qu'il ne sera pas permis aux citoyens électeurs de voter pour l'Empire et Napoléon IV. — Osez-le et vous aurez un gouvernement qui sera, comme l'Assemblée actuelle, frappé d'impuissance dès son origine ; il aura tous les droits et il ne pourra les exercer. Ah ! messieurs les blâmeurs de coup d'Etat, messieurs les renverseurs de gouvernement, vous faites des élections dans lesquelles vous interdisez au pays de voter comme il l'entend, et puis vous vous figurez que l'histoire ne sera pas atteinte par cette interdiction !

» Mais l'Assemblée actuelle n'est embarrassée, ennuyée, anémique que parce que les élections du 8 février 1871 ne se sont point faites avec la liberté absolue qui doit présider à une consultation du pays, le lendemain d'une révolution.

» Les élections du 8 février devaient être, pouvaient être le jugement de l'Empire par le pays, — mais M. Gambetta a pris soin de soustraire *l'accusé* à ses juges naturels, — il a défendu au pays de prononcer son verdict, il a substitué sa sentence à celle de la France, et l'Assemblée est née ce qu'elle est, anémique ; elle a été achevée par M. Thiers — et le pays, qui n'a pas jugé l'Empire le 8 février 1871, demande aujourd'hui à le juger.

» Et c'est ce que l'on craint (1). »

Que la gravité des circonstances ait, à cette époque et depuis, motivé une certaine extension du mandat primitif, et que, de la signature de la paix, simple formalité, puisqu'à l'unanimité notre pauvre pays se résignait avec raison à l'accepter, on en soit venu à régulariser les effets de ce traité de paix ; qu'on ait déterminé les conditions et le paiement de cette indemnité néfaste, cela se comprend ;

(1) Jules Richard. Journal *l'Ordre,* 21 mai 1874.

que même le pacte de Bordeaux, réservant l'avenir et la volonté de la France, l'ait provisoirement administrée, c'est encore admissible.

Mais aller plus loin; prétendre aujourd'hui régler, enchaîner ses destinées, sans elle, malgré elle, contre elle peut-être, oh! voilà qui est inadmissible. Voilà ce que l'Assemblée elle-même le 24 mai 1873, le 16 mai 1874, n'a pas admis.

« Je ne veux point dire de mal de l'Assemblée nationale, parce que la loi me le défend. Mais enfin, il est bien permis de rappeler à quelle heure et dans quelles conditions cette Assemblée a été élue: au lendemain des plus cruels désastres; sous l'épouvantable pression morale d'un million d'ennemis qui occupaient quarante de nos départements; élue en huit jours, sans discussion, sans examen préalable, sous l'influence d'un décret qui prétendait exclure du droit d'éligibilité tout le personnel politique des vingt dernières années.....

» La vérité est que le pays, lassé, brisé, épuisé, convaincu, par une folle et terrible expérience, de l'impossibilité de continuer la guerre, ne demandait, à cette heure, que la paix et la délivrance. La paix était sa préoccupation immédiate, unique, exclusive. Il ne s'agissait pas alors de faire un gouvernement ni même de savoir quel gouvernement on ferait: il s'agissait de traiter, de mettre un terme aux horreurs et aux menaces de la guerre, de se débarrasser de l'ennemi. Tout ce qu'on demandait à chaque candidat se résumait en ceci: « Voulez-vous la paix? » S'il répondait oui, on n'exigeait pas de lui d'autre profession de foi. Et ce fut ainsi que le pays désigna en majorité considérable, sans distinction de partis et d'opinions politiques, les hommes qui, par leur situation, leur âge, leur caractère ou leurs antécédents, lui offraient les garanties les plus sûres touchant la conclusion de la paix.

» Si l'on vous dit qu'il en fut autrement, exigez de chacun qu'il produise la profession de foi ou la déclaration de principes qu'il a dû faire alors, et cherchez-y la moindre trace d'un programme politique, le moindre vestige de la prétention de constituer. Si l'on vous dit qu'il en fut autrement, priez vos amis qu'ils vous expliquent comment on a vu, dans le plus grand nombre des départements, passer tout d'une pièce des listes où figuraient côte à côte des noms légitimistes, orléanistes, républicains, voire même impérialistes, sans qu'aucun des candidats protestât contre ces étranges accouplements, et manifestât le besoin de dégager, sur la question politique, sa responsabilité respective !

» Relisez d'ailleurs les premières discussions de Bordeaux, et demandez-vous par quelle singularité tous les partis se seraient trouvés d'accord pour réserver la question de gouvernement, si, véritablement, ils avaient eu conscience qu'ils étaient investis du soin de la résoudre. Quelques-uns objectent, il est vrai, qu'on ne pouvait faire un gouvernement tant que l'ennemi occupait le territoire; — comme si la présence de l'ennemi et les désastres du pays n'eussent pas été une raison de plus de faire un gouvernement fort, personnel, responsable ; — comme si Charles VII n'eût pas été proclamé roi en pleine occupation auglaise ; — comme si la République de 92 n'eût pas été déclarée en face de l'invasion ; — comme si Louis XVIII avait attendu, pour rentrer, que M. de Richelieu eût débarrassé la France des armées de la coalition ! Puis, si l'on ne pouvait faire un gouvernement en présence de l'ennemi, c'est que l'Assemblée ne sentait point sa conscience libre ; et alors, comment celle de ses électeurs l'eût-elle été ? (1) »

« On pouvait ne voir en elle qu'une Assemblée uniquement chargée de signer la paix avec la Prusse, de régler les conditions de cette paix, et de remettre en ordre — nous employons à dessein ce mot un peu trivial mais qui exprime bien notre pensée — de remettre en ordre ce pays absolument dérangé, troublé, bouleversé par l'anarchie politique et sociale des cinq mois de républicanisme à outrance..... (2) »

— Nous consulterons, disent certains docteurs, la volonté du pays exprimée par ses mandataires. Mandataires ! quels sont-ils ? Où sont leurs pouvoirs ? Nous venons de les rechercher. Quel est leur mandat ?

(1) Discours au Roy, par M. Jules Amigues. Journal *l'Ordre,* 27 octobre 1873, et 21 janvier 1874. *Étrangetés électorales.*

(2) Journal *la Patrie,* 19 mai 1874.

Le Pouvoir constituant? Oh! oui, dans les limites où l'Assemblée elle-même les a déterminés, ces Pouvoirs sont dignes de tous les respects.

L'Assemblée est, après tous nos malheurs, seule, l'émanation de la pensée publique. Seule, elle représente le pays, seule elle réunit en elle-même les éléments de conservation sociale, seule elle avait qualité pour organiser notre sauvetage, un gouvernement précaire, il est vrai, mais nécessaire. Elle a, en effet, sous l'influence de cette nécessité patriotique, *constitué* une administration, *un Pouvoir exécutif* d'abord, *un Septennat* ensuite. Rien de plus naturel, de plus légitime.

Mais sans manquer de respect à l'Assemblée de Versailles, nous pouvons interroger sa propre conduite pour en augurer la limitation reconnue par elle-même au Pouvoir constituant dans sa portée *définitive*.

La Commission des Trente se débat dans l'élaboration d'une œuvre de Pénélope, c'est-à-dire des *lois constitutionnelles* du Septennat, c'est-à-dire d'un État provisoire, intérimaire. Mais le *Pouvoir constituant*, dans son acception *définitive*, a toujours été mis hors de page, et avec beaucoup de réserve et de prudence, dans les sages délibérations du Parlement de Versailles.

Le Pouvoir constituant! Oui, nous l'avons eu, à l'*Assemblée constituante* élue, sous ce titre, en 1848. Pouvoir *constituant*, oui, et formel, et déterminé, par des élections libres assurément, au point de vue *constituant* du moins, malgré certaines pressions républicaines, exercées par les commissaires du *Gouvernement provisoire,* souvent pour leur propre candidature. Mais elles étaient néanmoins, en 1848, libres de tout mélange d'occupation étrangère. Notre territoire n'était pas alors envahi, foulé par l'ennemi vainqueur, bivouaquant autour des urnes électorales.

Et pourtant cela n'a pas suffi à nous conférer, même en ces circonstances, le droit exorbitant de choisir le chef de la France. Notre œuvre a été achevée, complétée par la volonté nationale qui, sous le général Cavaignac, loyal soldat, comme le maréchal de Mac-Mahon aujourd'hui, a gardé pour elle-même, lui a laissé à elle-même, à elle seule, à elle la nation, l'exercice de sa souveraineté, le droit absolu, direct, suprême, inaliénable, depuis Clovis, depuis Hugues Capet, depuis les temps les plus reculés de l'histoire que nous venons de fouiller, dans ces périodes troublées, dans ces cataclysmes politiques, le droit de choisir le chef de l'État.

TABLE

Paris. — Imprimerie Balitout, Questroy et Cᵉ, rue Baillif, 7.

www.ingramcontent.com/pod-product-compliance
Lightning Source LLC
Chambersburg PA
CBHW061723060726
47597CB00006B/2530